글쓴이 박민호

서울에서 태어나 서울예대 문예창작과를 졸업하고 1988년 『소년』지에 동화로 등단했어요. 1992년 제1회 동쪽나라 아동문학상을 받았어요. 지은 책으로는 『아빠의 편지』, 『산신당의 비밀』, 『초콜릿색 눈사람』, 『징』, 『옹달샘이 되고 싶은 구덩이』, 『세상에서 가장 아름다운 거짓말』, 『내 동생 검둥오리』, 『새우와 고래는 어떻게 친구가 되었을까?』 등이 있어요.

그린이 이지연

서울에서 태어나 자랐고 홍익대학교 대학원 시각디자인과를 졸업했어요. 오랫동안 디자이너로 일하다가 손그림과 아이들이 좋아서 어린이책 화가가 되었어요. 그린 책으로는 『장영실, 하늘이 낸 수수께끼를 푼 소년』, 『딱 한 가지 소원만 들어주는 마법책』, 『꿈꾸는 바이올린』, 『입안이 근질근질』, 『우정의 조건』, 『날아오른 발자국』, 『해리네 집』 등이 있어요. 어린이들 이메일 받는 주소는 goldgoat@naver.com이에요.

[창의력을 길러주는 머스트비 역사 인물 그림책]
- 《조신선은 쌩쌩 달려가》 최영희 글, 유영주 그림
- 《초희가 썼어》 최영희 글, 곽은숙 그림
- 《음치 평숙이, 소리꾼 되다》 강경아 글, 유영주 그림
- 《박제가는 똥도 궁리해》 신현경 글, 박연경 그림
- 《쩌렁쩌렁 박자청, 경회루를 세우다》 허윤 글, 김주경 그림
- 《변상벽, 말은 더듬지만 그림은 완벽해》 최형미 글, 이창민 그림
- 《장영실, 하늘이 낸 수수께끼를 푼 소년》 박혜숙 글, 이지연 그림
- 《정약전과 정약용》 홍기운 글, 정주현 그림
- 《총명한 이씨 부인은 적고 또 적어》 양연주 글, 정주현 그림
- 《떴다 떴다 비거, 날아라 정평구》 안영은 글, 안선형 그림
- 《전국 방방곡곡 어사 박문수가 간다》 박민호 글, 이지연 그림

전국 방방곡곡
어사 박문수가 간다

초판 1쇄 발행 2015년 6월 5일

글 박민호 | **그림** 이지연
펴냄 박진영 | **편집** 김윤정
디자인 박정현 | **마케팅** 이진경 | **제작** 이진영
펴낸곳 머스트비 | **등록** 2012년 9월 6일 제396-2012-000154호
주소 경기 고양시 일산동구 백마로 223 현대에뜨레보 325호
전화 031-902-0091 | **팩스** 031-902-0920 | **이메일** mustb0091@naver.com
블로그 http://blog.naver.com/mustb0091

ISBN 978-89-98433-39-0 73810

ⓒ2015 글 박민호, 그림 이지연

이 도서의 국립중앙도서관 출판예정도서목록(CIP)은 서지정보유통지원시스템 홈페이지(http://seoji.nl.go.kr)와 국가자료공동목록시스템(http://www.nl.go.kr/kolisnet)에서 이용하실 수 있습니다. (CIP제어번호: CIP2015013159)

전국 방방곡곡 어사 박문수가 간다

박민호 글 · 이지연 그림

머스트비

전라도 순천 부사*는 고을 백성들에게 돈을 뜯어내서
흥청망청 놀기만 해.
고을 다스리는 건 아예 생각하지도 않아.
그래서 백성들 고생이 이만저만이 아니야.
탐관오리* 부사에 대한 소문은 어느새
임금님이 있는 한양에까지 퍼져.
그러자 임금님은 암행어사를 내려 보내.
이 이야기는 암행어사가 막 순천 땅에 들어설 때부터 시작해.

*부사(府使): 조선 시대 지방 행정 기관과 지방 관아를 다스리던 최고 위치의 관리.
*탐관오리(貪官汚吏): 백성의 재물을 탐내어 빼앗는, 행실이 깨끗하지 못한 관리.

"사람 살려! 사람 살려 주세요!"
벌컥 문을 열고 소리치면서 여인이 후다닥 뛰어나왔어.
"왜 그러십니까?"
주막*을 찾던 나그네가 달려가 물었단다.
"사 사랑방*에서 아버님이……."
말을 잇지 못한 젊은 여인이 손가락으로 집 안을 가리켰어.
나그네는 열린 대문으로 부리나케 뛰어가 사랑방으로 들어갔지.
나그네와 함께 있던 사내도 뒤를 따랐단다.

*주막(酒幕): 시골 길가에서 밥과 술을 팔고, 돈을 받고 나그네를 묵게 하는 집.
*사랑방(舍廊房): 사랑으로 쓰는 방. '사랑'이란 집 안채와 떨어져 있는, 바깥주인이 지내며 손님을 접대하는 곳.

"보아하니 독약 같군!"
나그네가 말하자 따라온 사내가 끼어들었어.
"아이고머니나, 이게 무슨 짓입니까요?"
사내는 집주인이 들고 있던 약사발을 얼른 빼앗아 담긴 약을 마당에 휙 뿌렸지.
"당신들이 뭔데 이러는 게요?"
"아 아버님, 흐흐흑……."
밖에 나와 소리쳤던 젊은 여인이 들어와 아버지 앞에 엎드려 울었단다.
이 여인은 집주인 딸이야.

"왜 귀중한 목숨을
끊으려는 겁니까?
제가 돕겠습니다."
"귀신도 해결 못 할 일이라오……."
"밑져야 본전 아닙니까. 말씀해 주시지요."
"내 목숨보다 더 귀중한 걸 잃어버려 그랬다오, 휴우……."
주인은 그제야 어렵사리 이야기를 시작했어.

이 집 주인은 이 고을 이방*이야.

이방은 부사와는 달리 때가 묻지 않아 청렴결백*해.

그래서 부사에겐 눈엣가시지 뭐야.

이방을 쫓아내려 하지만 고을 사람들에게 인심을 많이 얻어 그러지 못해.

부사는 울며 겨자 먹기로 이방을 데리고 있는 거야.

*이방(吏房): 조선 시대에, 각 지방 관아에 속한 육방(六房) 가운데 인사 관계의
 실무를 맡아보던 부서. 또는 그 일을 맡아보던 사람.
*청렴결백(淸廉潔白): 마음이 맑고 깨끗하며 탐욕이 없음.

어느 날 부사가 이방을 불러, 감영*에 가서 유서*를 받아 오라고 했어.
"유서를요? 그런 중대한 일을 어찌 저보고 가라십니까?"
"난 감기 몸살로 꼼짝도 못 하니 대신 받아와 주게."
이방은 바로 마부가 모는 말을 타고 감영에 가 작은 상자를 받았지.
유서가 들어있는 그 상자는 봉인*이 되어 있었단다.
그 유서는 부사가 수사*도 함께 맡으라는 임명장이야.
그러니 또 돈을 얼마나 많이 썼을까?

*감영(監營): 조선 시대에 각 도의 으뜸 벼슬인 관찰사가 나랏일을 하던 곳.
*유서(諭書): 관찰사, 절도사, 방어사 등에게 임금이 내린 임명장.
*봉인(封印): 상자를 잘 봉해 붙인 자리에 도장을 찍음.
*수사(水使): 수군절도사(水軍節度使)로, 조선 시대에 각 도의 수군을 통솔하는 일을 맡아보던 정3품 벼슬.

*소달구지: 소가 끄는 수레.

돌아오는 길에 날이 저물자 이방은 마부와 함께 주막에 묵었어.
저녁을 먹고 바람을 쐬겠다며 나간 마부는 밤늦게야 돌아왔단다.
다음 날, 새벽같이 길을 떠나 순천 땅에 거의 왔을 때야.
저 앞에서 짚더미를 가득 실은 소달구지*가 다가와 옆으로 지나갔어.
그때 이방을 태운 말이 갑자기 놀라 펄쩍 뛰다 멈춰 섰지 뭐야.
그 바람에 이방이 땅에 툭 떨어지고, 품에 안고 있던 유서 상자도 떨어졌지.
기절했다 정신을 차린 이방이 상자를 찾자,
마부는 상자를 쓱쓱 닦아 내주었단다.
"고맙구나. 서둘러 가자. 사또께서 기다리신다."

이방은 순천 땅으로 돌아와 관아*로
가기 전에 옷을 갈아입으려고 집으로 갔어.
"아버님, 잘 다녀오셨어요?"
"오냐. 옷을 갈아입고 사또를 뵈러 가야겠다."
여종이 건넛방에 갈아입을 옷을 갖다 놓았지.
이방은 유서 상자를 사랑방 문갑*에 올려놓고
건넛방으로 가 옷을 갈아입었단다.
다시 사랑방으로 돌아온 이방이 깜짝 놀랐지 뭐야.
유서 상자 모퉁이에 묻은 흙도 없고, 봉인도 없었으니까.
"어허, 이런. 귀신이 곡할 노릇이구나!"

*관아(官衙): 예전에, 벼슬아치들이 모여 나랏일이나 고을 일을 처리하던 곳.
*문갑(文匣): 문서 등을 넣어 두는 궤짝.

이방은 발을 동동 구르며 어쩔 줄 몰라 했어.
마루 앞에 있던 여종이 힐끔힐끔 훔쳐보다 이방과 눈이 딱 마주쳤단다.
"네가 문갑에 올려놓은 상자를 어떻게 했지?"
"쇤네*는 상자에 묻은 흙을 깨끗하게 닦아 제자리에 놓았을 뿐이에요."
이방은 혹시나 하고 상자 뚜껑을 열었어.
역시 상자 안은 텅 비어 있지 뭐야.
"임금님께서 내리신 귀중한 유서를 잃어버리다니, 이걸 어쩌나……."
얼굴이 새파랗게 질린 이방은 터벅터벅 관아로 갔단다.

*쇤네: 신분이 낮은 사람이 자기보다 신분이 높은 사람을 상대하여 자기를 낮추어 이르던 말.

"아니, 뭐라! 유서를 잃어버렸다고?"
이방 말을 듣고 부사 얼굴이 흙빛으로 변했어.
"사흘 여유를 주시면 꼭 찾아 바치겠습니다, 사또!"
이방이 간청했지.
기가 턱 막힌 부사는 고개만 끄덕였단다.
원래 유서는 부사가 가서 직접 받아 와야 하는데,
이방을 시켜 받아 왔잖아.
그러니까 이 모든 벌은 부사에게 떨어질 게 뻔했거든.

속이 바작바작 탄 이방은 집에 오자마자 여종을 불러 닦달했어.
겁도 주고 달래기도 했지만, 여종은 모른다고 했지.
하루가 지나고 이틀이 지나, 부사한테 약속한 날이 바로 내일이야.
생각다 못한 이방은 독약이 담긴 사발을 들고 사랑방으로 들어갔단다.
목숨을 끊으려고 말이야.
이걸 몰래 지켜본 딸이 밖으로 후닥닥 뛰어나가
도와줄 사람을 찾았던 거란다.

이방 말을 들으며 곰곰이 생각하던 암행어사가 여종을 보자고 했어.
여종을 데려온다며 딸이 나가자, 상자를 달라고 해 꼼꼼히 살폈단다.
"나무 냄새, 옻칠 냄새가 나는 걸 보니 이 상자는 새로 만든 겁니다.
누군가가 계획적으로 꾸민 거지요."
"봉인이 없으니 그런 거 같소."
그때 딸이 여종을 데리고 오자 어사가 물었어.
"네가 상자를 바꿔 놓았느냐?"
"주인 나리께도 말씀드렸지만, 쇤네는 모르는 일이에요."
그때 밖에서 소리가 나서 내다보니 나졸*들이야.
나졸들은 여종을 오랏줄로 묶어 관아로 끌고 갔단다.

*나졸(羅卒): 조선 시대에, 지방 관아에 속한 심부름꾼과 군대에서 죄인을 다루는 일을 맡아보던 병졸을 통틀어 이르던 말.

암행어사와 덕보는 이방 집에서 나와 주막으로 갔어.
"나리, 이건 제 생각인데요. 혹시 사또한테 원한을 품은 사람이 저지른 짓 아닐까요?"
"서당 개 삼 년에 풍월을 한다고 하더니, 이젠 제법이로구나."
어사가 인정해 주자 덕보는 신바람이 났단다.
"나리, 범인은 여종이 아닌 거 같은뎁쇼.
여종이 사또한테 무슨 원한이 있겠습니까?
그렇다고 딸은 더더욱 아닐 테고요."
"그래, 내일 날이 밝으면 이방한테 다시 가서 알아보자."

다음 날 아침, 암행어사는
덕보를 앞세우고 이방 집으로 갔어.
"이 고을에 사또한테 억울한 일을 당한 사람이 있습니까?"
"있소. 사또한테 당한 사람들과 그 억울한
일들에 대한 내용을 적어둔 명부*가 있소이다."
어사는 이방이 내준 명부를 꼼꼼하게 훑어보고 말했지.
"이방 나리, 저와 관아로 가 사또를 만나게 해 주십시오.
또 사람을 보내 마부한테 급히 관아로 오라고 전해 주십시오."
물에 빠지면 지푸라기라도 잡는다고 하잖아.
이방은 어사가 시키는 대로 했단다.

*명부(名簿): 어떤 일이나 그 일에 관련된 사람의 이름, 주소, 직업 같은 걸 적어 놓은 장부책.

이방은 암행어사와 덕보를 데리고 관아로 갔어.
"사또, 이 사람이 유서 상자를 훔쳐 간 범인을 잡겠다고 하기에……."
부사는 두말하지 않고 어서 범인을 잡아달라고 재촉했지.
"잡혀 온 여종을 끌어내 주십시오."
여종이 끌려 나올 때, 마침 마부도 왔단다.
"마부, 네 성은 이 씨가 아니라 조 씨이지?"
"아 아닙니다. 이 가입니다."
"그럼, 이번에는 여종한테 묻겠다. 이 마부가 네 오빠이지?"
"아 아니요. 쇤네는 오빠가 없어요. 그건 이방 나리도 잘 아세요."

*풍비박산(風飛雹散): 사방으로 날아 흩어짐.

"사또, 마부와 여종은 남매이고, 남매 아버지는 진사 조영한입니다."
암행어사 말에 깜짝 놀란 부사 눈이 황소 눈처럼 커졌어.
이방도 마찬가지였단다.

7년 전, 부사가 돈을 많이 들여 이 고을에 처음 온 때야.
부사가 고을 사람들 돈을 빼앗기 시작해.
부자였던 조영한 재산을 몽땅 빼앗은 부사는,
없는 죄까지 만들어서 죽여.
집안이 풍비박산*된 거지.
마부와 여종은 바로 그 조 진사 아들과 딸이란다.

*역졸(驛卒): 역에 속해 심부름하던 사람.
*동헌(東軒): 지방 관아에서 고을 원이나 감사, 병사, 수사 및 그 밖의 수령들이 일을 처리하던 중심 건물.

"여기 이 사또가 너희 재산을 다 빼앗고,
너희 아버지한테 죄를 뒤집어씌워 죽이지 않았더냐?
그 바람에 너희 어머니는 화병으로 세상을 떠났고……."
얼굴이 시뻘게진 부사가 손가락으로 암행어사를 가리키며 소리쳤어.
"네 이놈, 입 닥쳐라! 여봐라, 이놈을 당장 잡아 가둬라!"
부사가 명하자 나졸들이 달려들었지. 바로 그때였단다.
"암행어사 출두야! 암행어사 출두야!"
덕보가 고래고래 소리치자, 숨어 있던 역졸*들이
함성을 지르며 동헌* 뜰로 뛰어 들어왔어.
덜덜 떠는 부사를 매섭게 노려보며 암행어사가 소리쳤단다.
"여봐라, 이 못된 사또를 묶어 끌어내라!"
이 암행어사가 누군지 알아? 바로바로 박문수야.

나중에 알고 보니 이렇게 된 거야.
유서 상자를 받아 돌아오면서 주막에 묵게 된 마부는
바람을 쐰다며 나가 밤늦게야 돌아와.
목공소에 가 유서 상자와 똑같은 걸 만들어 온 거야.
다음 날 소달구지가 지나갈 때, 마부는 바늘로 말의 귀를 쿡 찔러.
그래서 갑자기 놀란 말이 소리치며 펄쩍 뛰고 난리를 피운 거지.
말에서 떨어진 이방이 기절하자, 마부는 가짜 상자와 진짜 상자를 바꿔치기 해.
이방은 얼떨결에 그것도 모르고 집으로 와서,
사랑방 문갑에 가짜 상자를 올려놓고 옷을 갈아입은 거란다.

덕보와 함께 나간 마부가 진짜 유서 상자를 들고 왔어.
"상자가 봉인된 그대로인 걸 보니, 상자 뚜껑을 열지 않았구나."
"네, 나리. 이 상자를 훔친 건 아버님 원수를 갚기 위해서였습니다. 원수를 갚아 주십시오."
마부와 여종이 암행어사 박문수 앞에 엎드려 말했어.
"그래, 네 아버님 원수는 내가 갚아 주겠다.
또 잃었던 재산도 찾아 줄 테니 여동생과 함께 잘 살아라."
어사 박문수는 이방에게 고을을 임시로 맡겼지.
그런 다음 부사는 한양으로 보내 벌을 받게 했단다.

암행어사 박문수는 다른 고을로 떠났어.
백성들이 편안하게 사는지 살피려고 말이야.
그 뒤를 덕보가 졸랑졸랑 따랐단다.

박문수가 궁금해

1. 박문수가 누구야?

　박문수朴文秀(1691~1756)는 조선 후기 문신이야. 1723년(경종 3) 과거에 급제해 사관*이 되었어. 박문수는 어사가 되자 부정한 관리들을 찾아내고, 가난에 시달리는 백성들을 구하는 데 힘썼지. 또, 1734년 진주부사陳奏副使로 임명 받고 청나라에 다녀온 뒤 병조판서*가 되어 군대의 기강을 바로 잡아 나라의 방비를 튼튼히 했단다.

　1741년 함경도에 흉년이 들었을 때는 이곳에 파견되어 경상도 곡식 1만 섬을 실어다가 고통 받고 배고픈 백성들에게 나눠 주었어. 1749년에는 호조판서*가 되어 나라의 살림을 튼튼히 하고, 백성들을 위해 세금 제도를 고쳐 균역법*을 만드는데 관리로서 많은 공을 세웠지. 그 후 1751년 예조판서*가 되었지만, 1752년 왕세손이 세상을 떠나자 벌을 받아 제주도로 귀양을 가고 말았단다. 다음 해에 풀려나 다시 관직에 올랐어. 하지만 1756년 세상을 떠나고 말았단다. 박문수가 세상을 떠나자 그를 무척이나 아끼던 영조는 큰 슬픔에 빠졌다고 해.

　이처럼 박문수는 군대 일과 세금에 대한 일에 밝았어. 또한 늘 백성들의 편에서 활약했던 어사 때 이야기가 많이 전해지고 있지. 지은 책으로는 왕실의 낭비를 줄이고자 재정 용도를 규정한《탁지정례度支定例》, 혼례 시 지출을 줄이기 위한《국혼정례國婚定例》등이 있단다.

---

*사관(史官): 역사의 편찬을 맡아 맨 처음 원고를 쓰는 일을 맡아보던 벼슬.
*병조판서(兵曹判書): 지금의 국방부 장관.
*호조판서(戶曹判書): 지금의 기획재정부 장관.
*예조판서(禮曹判書): 지금의 외교부·교육부 장관.
*균역법(均役法): 조선 영조 26년에 백성의 세금 부담을 줄이기 위해 만든 법. 이전까지 양인 장정들이 1년에 2필씩 내던 군포를 1필로 줄였다.

암행어사가 궁금해

2. 암행어사는 언제부터 어떻게 활동했어?

암행어사는 조선 중종 때부터 지방에 보낸 것으로 기록에 나와 있어. 그때는 교통과 통신이 발달하지 않아서 임금님이 지방 구석구석에서 일하는 지방 관리들까지 감시하고 백성들의 형편을 살펴 다스리기가 쉽지 않았지. 그래서 임금님은 암행어사를 몰래 보내 지방 관리들이 일을 잘하는지 살펴서 보고하게 했던 거란다.

암행어사는 과거에 급제한 젊고 능력 있는 사람 중에서 뽑아 임명했어. 처음에는 임금님 혼자 임명하다가, 나중에는 중요한 관직에 있는 신하들이 몇 사람을 추천하면 임금님이 그중에서 뽑아 보냈단다.

보낼 곳을 결정할 때는 '추생抽栍'이라는 엄격한 추첨 제도를 적용했어. 추생이란 '추첨, 제비뽑기'라는 뜻이야. 암행어사가 직접 추첨해서 부임지인 감찰할 지방을 정했지. 그런 다음, 임금님이 내린 명령을 받아 비밀리에 그 지방으로 가 맡은 일을 했단다.

전국 모든 지방에 늘 암행어사를 보낼 수는 없었고, 지방마다 보통 4년에 한 번씩 암행어사를 보냈어. 근데 그 지방과 관련된 사람은 보내지 않았단다. 그렇게 되면 일을 공정하게 할 수 없을 테니까.

3. 암행어사는 정말 마패를 갖고 다녔어?

그럼, 가지고 다녔어. 임금님은 비밀리에 암행어사를 임명할 때, 마패馬牌는 물론이고 봉서封書와 사목事目, 그리고 유척鍮尺을 함께 주었단다. **마패**는 암행어사 출두 때 신분을 증명해 주는 증명서야. 그때는 전국 큰길 길목마다 '역驛'이라는 관청이 있었어. 오늘날 기차역처럼 타고 다니는 말 역인 거야. 역에 가서 마패를 보이면, 마패에 새겨진 말 수만큼 말을 쓸 수 있었지. 또, 말뿐만 아니라 역에서 일하는 군사들인 역졸들도 동원할 수 있었단다. **사목**은 암행어

▲ 마패 – 국립중앙박물관 소장

사가 해야 할 일, 지켜야 할 일을 정해 놓은 책이야. 신분을 감춘 암행어사는 임금님에게 받은 이것들을 가지고 전국 방방곡곡을 다녔단다.

한편, 암행어사가 감찰할 지방을 뽑으면 봉서를 주었어. 봉서는 겉봉을 봉한 편지야. '짐은 아무개를 어느 지방 암행어사로 삼는다'는 임명장과 같은 거지. 겉에는 '도성 남대문 밖으로 나가 뜯어보라', 또는 '감찰할 지방에 가서 뜯어보라'고 쓰여 있었단다. 그만큼 비밀 유지를 철저히 했다는 거란다. 마지막으로 유척은 놋쇠로 만들어 눈금을 먹인 표준 자야. 암행어사는 유척으로 장이나 태 같은 형구 크기를 통일시켜 수령이 죄인을 함부로 때리지 못하게 했어. 또, 옷감이나 쌀 같은 물건으로 세금을 거둘 때, 수령들이 자기 마음대로 쟀는지 올바로 쟀는지 검사할 때 썼단다.

▲ 유척과 사목 – 국립중앙박물관 소장

4. 우리가 아는 사람 중에 또 암행어사가 있어?

있고말고. 우리 함께 알아봐.

조선 시대 이름난 학자였던 이황李滉(1501~1570)은 1534년 과거에 급제했어. 예조판서 등 여러 벼슬을 거쳐 충청도 암행어사를 지냈지. 나중에는 대제학에까지 올랐단다. 이황은 청렴결백하고 검소하게 살았어. 재물이라고는 방에 있는 책뿐이었으니까. 이황은 대궐에 드나들 때를 빼고는 늘 베로 지은 옷에 칡으로 엮은 신을 신고 대나무 지팡이를 짚고 다녔지. 지은 책으로는 《퇴계전서退溪全書》 등이 있단다.

조선 후기 학자 정약용丁若鏞(1762~1836)은 1789년 과거에 급제했어. 1794년 경기도 암행어사가 되어, 백성에게 무리한 세금을 물리고 뇌물을 받은 탐관오리들을 임금님에게 보고해 벌을 받게 했지. 그 후 여러 관직을 거쳐 형조참의까지 올랐단다. 하지만 1801년 천주교 박해 사건으로 전남 강진에서 19년 동안 귀양살이를 했어. 정약용은 귀양살이를 하는 동안에

도 책을 500권 넘게 지었지. 백성들을 직접 다스리는 지방 수령들이 지켜야 할 도리를 밝힌 《목민심서牧民心書》, 나라를 다스리는 제도에 관해 자세히 밝혀 놓은 《경세유표經世遺表》 등이 그때 지은 책들이란다.

　조선 후기 문신 **김정희**金正喜(1786~1856)는 우리나라 최고 명필로 유명해. 1819년 과거에 급제하고, 충청도 암행어사를 지냈어. 벼슬은 대사성을 거쳐 이조참판에 이르렀지. 김정희는 어려서부터 학문이 뛰어났단다. 특히 붓글씨에 뛰어났어. 그래서 이름난 실학자인 박제가의 눈에 띄어 제자가 되었던 거야. 그리고 24세가 되던 해인 1809년, 사신 일행이 된 아버지를 따라 청나라에 가서 그때 중국 최고 학자였던 옹방강, 완원 등을 만났지. 그 후 학문에 더욱 힘써 북학파 학자로서 실사구시實事求是*를 주장했고, 추사체秋史體를 완성했지. 지은 책으로는 《완당집阮堂集》, 《금석과안록金石過眼錄》 등이 있단다.

이황 ▲
정약용 ▲
김정희 ▲

*실사구시(實事求是): 사실에 토대를 두어 진리를 탐구하는 일. 조선 시대 실학파 학문에 큰 영향을 주었다.